まえがき

『日毎の糧 ── 主日聖書日課・家庭礼拝暦』2023年版をお届けします。

2020年から続く新型コロナ・ウイルス感染症は礼拝や集会の持ち方に少なからず影響を与えました。いろいろと制限された状況にあって、「何とか主日礼拝だけでも途切れることなく続けたい」と考えて、オンラインによる礼拝を始めるなど新しい試みを始められた教会が数多くあります。また対面で礼拝する場合でも、「密を避けるために出席人数に制限を加える」、「賛美歌を歌わない」、「賛美歌は一節のみを歌う」、「なるべく小さな声で歌う」などの工夫をして礼拝を守って来られたとお聞きしています。「いつになったら元に戻れるのか」「いやもうコロナ以前と同じ姿には戻れないのではないか」という不安の声もよく聞きます。しかしこういう厳しい時にこそ、「自分の信仰生活を自分自身で支えて行く」と強く意識することが大切だと思います。

17世紀のピューリタンやドイツで「敬虔派」と呼ばれたキリスト者たちは、一堂に集まって主日の礼拝を献げることはもちろん大切にしましたが、同時に週日の生活においては、一人で祈る時間を持つことも大切にしました。神との一対一の関係になる時間を持ち、神が直接自分に語りかけてくださるみ言葉を大切にしたのです。20世紀の神学者ディートリヒ・ボンヘッファーも『共に生きる生活』の中で同じようなことを言っており、彼も「一人でいること」の大切さを薦めています。

「礼拝の恵みに共にあずかること」と「日々聖書のみ言葉に聞き、一人で祈ること」はどちらも欠いてはならない、信仰生活の車の両輪と言えるでしょう。一人一人がしっかりと神に心を向けて生きることがどれだけ大切なことなのかは、教会の歴史を振り返ってみてもわかります。神の前に自立した信仰者として生きるためにも、本書が用いられることを願っています。

2023年版の聖書日課編集委員会は、越川弘英（週日日課小見出し前半）、古旗誠（賛美歌選曲）、八木浩史（週日日課小見出し後半）、吉岡光人（まえがき・聖書日課の用い方）が担当しました。　　　（吉岡光人）

日本基督教団

信仰告白

　我らは信じかつ告白す。

　旧新約聖書は、神の霊感によりて成り、キリストを証し、福音の真理を示し、教会の拠るべき唯一の正典なり。されば聖書は聖霊によりて、神につき、救ひにつきて、全き知識を我らに与ふる神の言にして、信仰と生活との誤りなき規範なり。

　主イエス・キリストによりて啓示せられ、聖書において証せらるる唯一の神は、父・子・聖霊なる、三位一体の神にていましたまふ。御子は我ら罪人の救ひのために人と成り、十字架にかかり、ひとたび己を全き犠牲として神にささげ、我らの贖ひとなりたまへり。

　神は恵みをもて我らを選び、ただキリストを信ずる信仰により、我らの罪を赦して義としたまふ。この変らざる恵みのうちに、聖霊は我らを潔めて義の果を結ばしめ、その御業を成就したまふ。

　教会は主キリストの体にして、恵みにより召されたる者の集ひなり。教会は公の礼拝を守り、福音を正しく宣べ伝へ、バプテスマと主の晩餐との聖礼典を執り行ひ、愛のわざに励みつつ、主の再び来りたまふを待ち望む。

　我らはかく信じ、代々の聖徒と共に、使徒信条を告白す。

　我は天地の造り主、全能の父なる神を信ず。我はその独り子、我らの主、イエス・キリストを信ず。主は聖霊によりてやどり、処女マリヤより生れ、ポンテオ・ピラトのもとに苦しみを受け、十字架につけられ、死にて葬られ、陰府にくだり、三日目に死人のうちよりよみがへり、天に昇り、全能の父なる神の右に坐したまへり、かしこより来りて、生ける者と死ねる者とを審きたまはん。我は聖霊を信ず、聖なる公同の教会、聖徒の交はり、罪の赦し、身体のよみがへり、永遠の生命を信ず。　　　　　アーメン。

主の祈り

天にまします我らの父よ、
ねがわくはみ名をあがめさせたまえ。
み国を来らせたまえ。
みこころの天になるごとく　地にもなさせたまえ。
我らの日用の糧を、今日も与えたまえ。
我らに罪をおかす者を　我らがゆるすごとく、
我らの罪をもゆるしたまえ。
我らをこころみにあわせず、悪より救い出したまえ。
国とちからと栄えとは　限りなくなんじのものなればなり。
アーメン

日本基督教団　生活綱領

　われわれは、神の恵みにより父と子と聖霊との名においてバプテスマをうけ主の体(からだ)なる教会に入れられた者であるから、すべての不義と迷信とをしりぞけ、互に主にある兄弟姉妹の交わりを厚うし、常に神の栄光のあらわれるように祈り、つぎのことを相共につとめる。

1 教会の秩序を守り、その教えと訓練とに従い、聖日礼拝・祈祷(きとう)会その他の集会を重んじ、聖餐(せいさん)にあずかり、伝道に励み、時と財(たから)と力とをささげて教会の維持発展につくすこと。

2 日日(ひび)聖書に親しみ、常に祈り、敬虔(けいけん)・純潔・節制・勤労の生涯を全うすること。

3 家庭の礼拝を重んじ、家族の和合を尊び、子女を信仰に導き、一家そろって神につかえること。

4 互に人格を重んじ、隣人を愛し、社会の福祉のために労し、キリストの正義と愛とがあまねく世に行われるようにすること。

5 神の御旨(みむね)に従って、国家の道義を高め、国際正義の実現をはかり、世界平和の達成を期すること。

　願わくは神、われわれを憐(あわれ)み、この志を遂げさせたまわんことを。
　　　　　　　　　　　　　　　　　　　アーメン。

（1954年10月28日第8回日本基督教団総会において制定）

2023年教会暦

公現日（栄光祭）	1月 6 日（金）
灰の水曜日	2月22日（水）
四旬節（受難節・レント）	2月22日（水）〜4月 8 日（土）
棕櫚の主日	4月 2 日（日）
受難週	4月 2 日（日）〜4月 8 日（土）
洗足木曜日	4月 6 日（木）
受難日	4月 7 日（金）
復活日（イースター）	4月 9 日（日）
昇天日	5月18日（木）
聖霊降臨日（ペンテコステ）	5月28日（日）
三位一体主日	6月 4 日（日）
待降節（降臨節・アドベント）	12月 3 日（日）〜12月24日（日）
降誕日（クリスマス）	12月25日（月）

（日本基督教団口語式文による）

2023年行事

元旦礼拝	1月 1 日（日）
信教の自由を守る日	2月11日（土）
世界祈祷日	3月 3 日（金）
労働聖日（働く人の日）	4月30日（日）
母の日	5月14日（日）
アジア・エキュメニカル週間	5月21日（日）〜5月27日（土）
子どもの日（花の日）	6月11日（日）
日本基督教団創立記念日	6月24日（土）
平和聖日	8月 6 日（日）
世界聖餐日、世界宣教の日	10月 1 日（日）
神学校日	10月 8 日（日）
伝道献身者奨励日	10月 8 日（日）
信徒伝道週間	10月15日（日）〜10月21日（土）
教育週間	10月15日（日）〜10月22日（日）
宗教改革記念日	10月31日（火）
聖徒の日（永眠者記念日）	11月 5 日（日）
障害者週間	11月12日（日）〜11月18日（土）
収穫感謝日	11月26日（日）
謝恩日	11月26日（日）
社会事業奨励日	12月 3 日（日）

特定行事の聖書日課

元 旦 礼 拝	イザヤ 40:9d-11	2コリント 6:1-10	ルカ 5:33-39	詩編 48:1-15
公 現 日	イザヤ 60:1-6	エフェソ 3:2-12	マタイ 2:1-12	72:12-20
信教の自由を守る日	出エジプト 20:1-7	ローマ 3:21-26	マルコ 11:15-19	53:1-7
灰 の 水 曜 日	アモス 5:6-15	ヤコブ 4:1-10	ルカ 18:1-14	10:12-18
洗 足 木 曜 日	創世記 14:18-20	1コリント 10:16-17	ルカ 22:14-38	116:1-19
受 難 日	イザヤ 52:13-53:12	ヘブライ 10:11-25	ルカ 23:32-49	31:1-17
労 働 聖 日 （働く人の日）	エゼキエル 36:33-38	ヤコブ 2:14-17	マタイ 12:9-13	128:1-6
母 の 日	箴言 4:1-9	2テモテ 1:3-10	マタイ 15:1-9	131:1-3
昇 天 日	ダニエル 7:13-14	使徒 1:1-11	ルカ 24:44-53	47:1-10
子 ど も の 日 （花の日）	イザヤ 44:1-8	エフェソ 6:1-4	ルカ 10:21-24	107:35-38
教団創立記念日	イザヤ 52:7-10	エフェソ 4:1-6	ヨハネ 17:20-23	33:1-15
平 和 聖 日	エレミヤ 29:10-14	1テモテ 6:11-16	ルカ 6:27-36	122:1-9
世 界 聖 餐 日	出エジプト 12:24-28	1コリント 11:17-22	ルカ 22:14-23	49:6-12
神 学 校 日 伝道献身者奨励日	イザヤ 42:5-9	ガラテヤ 4:12-20	ルカ 9:57-62	107:1-9
信 徒 伝 道 週 間	申命記 4:32-40	2コリント 9:6-8	ルカ 10:1-12	89:1-15
教 育 週 間	箴言 22:17-21	2テモテ 3:10-17	ヨハネ 14:25-31	16:1-11
宗教改革記念日	イザヤ 6:1-8	ローマ 3:21-28	ヨハネ 2:13-22	27:1-14
聖 徒 の 日 （永眠者記念日）	ダニエル 7:11-22	ヘブライ 11:13-16	ヨハネ 11:23-27	30:1-13
収 穫 感 謝 日 謝 恩 日	申命記 26:1-11	2コリント 9:6-15	ヨハネ 12:23-28	90:13-17
社会事業奨励日	エレミヤ 7:4-11	1ヨハネ 3:16-24	マタイ 25:31-46	146:1-10

January

	日	曜日	週日聖書日課	内　容	詩　編	週日副日課
（降誕節第2主日） 元旦礼拝	1	日	㉑ 282 ① 411	〈神殿での奉献〉 サムエル上 1:20 ～ 28 **ルカ 2:21 ～ 40**		ローマ 12:1 ～ 8 詩編 84:6 ～ 13
	2	月	イザヤ　63:1 ～ 6	主が定めた報復の日	146	1コリント 4:1 ～ 13
	3	火	63:7 ～ 14	主の慈しみと主の栄誉	22	4:14 ～ 21
	4	水	63:15 ～ 64:4	わたしたちの贖い主	23	5: 1 ～ 13
	5	木	64:5 ～ 11	主よ、あなたは我らの父	24	6:1 ～ 11
公現日（栄光祭）	6	金	65:1 ～ 16	反逆の民と主なる神	25	6:12 ～ 20
	7	土	66:1 ～ 2	主が顧みる人とは	26	7:1 ～ 24
（降誕節第3主日） （公現後第1主日）	8	日	㉑ 277 ① 122	〈イエスの洗礼〉 ヨシュア 3:1 ～ 17 **ルカ 3:15 ～ 22**		使徒 10:34 ～ 48 詩編 104:24 ～ 30
	9	月	アモス　1:1 ～ 5	テコアの人アモスの預言	27	1コリント 7:25 ～ 40
	10	火	2:1 ～ 5	モアブの罪、ユダの罪	28	8:1 ～ 13
	11	水	2:6 ～ 16	イスラエルの罪	29	9:1 ～ 14
	12	木	3:1 ～ 8	主の言葉を聞け	30	9:15 ～ 27
	13	金	4:4 ～ 13	お前たちは帰らなかった	31	10:1 ～ 13
	14	土	5:1 ～ 15	善を求めよ、悪を求めるな	32	10:14 ～ 11:1

㉑ ＝『讃美歌21』　　① ＝『讃美歌』　　② ＝『讃美歌第二編』

			〈最初の弟子たち〉			
(降誕節第4主日) (公現後第2主日)	15	日	㉑ 516 ① 361	出エジプト 18:13 〜 27 **ルカ 5:1 〜 11**		使徒 16:(6 〜 10)11 〜 15 詩編 101:1 〜 8
	16	月	アモス 5:16 〜 24	正義を洪水のように	33	1 コリント 11:2 〜 22
	17	火	6:1 〜 8	驕れる人々への審判	34	11:23 〜 34
	18	水	7:1 〜 9	アモスの見た三つの幻	35	12:1 〜 11
	19	木	7:10 〜 17	アモスと祭司アマツヤ	36	12:12 〜 31
	20	金	8:1 〜 12	アモスの見た第四の幻	37:1 〜 22	13:1 〜 13
	21	土	9:7 〜 15	後の日の回復の預言	37:23 〜 40	14:1 〜 19
(降誕節第5主日) (公現後第3主日)	22	日	㉑ 468 ① 223	民数記 9:15 〜 23 **ルカ 4:16 〜 30**	〈宣教の開始〉	1 コリント 1:1 〜 9 詩編 111:1 〜 10
	23	月	ホセア 1:1 〜 2:3	ベエリの子ホセアの預言	38	1 コリント14:20 〜 25
	24	火	2:4 〜 17	イスラエルの背信の告発	39	14:26 〜 40
	25	水	2:20 〜 3:5	神の愛、イスラエルの回復	40	15:1 〜 11
	26	木	6:1 〜 6	神を知ることを求めよ	41	15:12 〜 34
	27	金	11:1 〜 9	神の愛、神の憐れみ	42	15:35 〜 49
	28	土	14:2 〜 10	イスラエルよ、立ち帰れ	43	15:50 〜 58
(降誕節第6主日) (公現後第4主日)	29	日	㉑ 390 ① 248	ハガイ 2:1 〜 9 **ルカ 21:1 〜 9**	〈新しい神殿〉	2 コリント 6:14 〜 7:1 詩編 48:1 〜 12
	30	月	ミカ 1:1 〜 9	諸国の民よ、皆聞け	44	2 ペトロ 1:1 〜 15
	31	火	2:1 〜 4,12 〜 13	悪をたくらむ者と神	45	1:16 〜 21

① ＝『ともにうたおう』　　☉ ＝『こどもさんびか　改訂版』

February

	日	曜日	週日聖書日課	内　容	詩編	週日副日課
	1	水	ミカ　　3:1 〜 12	善を憎み、悪を愛する者へ	46	2 ペトロ 2:1 〜 10a
	2	木	4:1 〜 5	主の示す道を歩もう	47	2:10b 〜 22
	3	金	4:8 〜 5:1	娘シオンよ	48	3:1 〜 10
	4	土	6:1 〜 8	主が人に求めること	49	3:11 〜 18
(降誕節第7主日) (公現後第5主日)	5	日	21 53 1 234A	〈教えるキリスト〉 箴言 3:1 〜 8 **ルカ 8:4 〜 15**		1 コリント 4:8 〜 16 詩編 147:1 〜 11
	6	月	サムエル上 1:1 〜 20	サムエルの誕生	50	ルカ 12:49 〜 59
	7	火	1:21 〜 2:11	ハンナの祈り	51	13:1 〜 17
	8	水	3:1 〜 19	サムエルに呼びかける主	52	13:18 〜 35
	9	木	4:1b 〜 18	奪われた神の箱	53	14:1 〜 11
	10	金	5:1 〜 12	神の箱と神の御手	54	14:12 〜 24
信教の自由を守る日	11	土	6:1 〜 16	神の箱の帰還	55	14:25 〜 35
(降誕節第8主日) (公現後第6主日)	12	日	21 356 1 238	〈いやすキリスト〉 ヨブ 2:1 〜 10 **ルカ 5:12 〜 26**		使徒 3:1 〜 10 詩編 103:1 〜 13
	13	月	サムエル上 9:1 〜 14	サウル、サムエルと出会う	56	ルカ　15:1 〜 10

21 =『讃美歌 21』　　　1 =『讃美歌』　　　2 =『讃美歌第二編』

	14	火	サムエル上 9:15〜10:1a	油を注がれたサウル	57	ルカ 15:11〜32
	15	水	14:1〜15	ヨナタンとペリシテ軍	58	16:1〜18
	16	木	14:24〜46	ヨナタンの罪	59	16:19〜31
	17	金	15:1〜11	サウルの罪	60	17:1〜19
	18	土	15:12〜23	サムエルの叱責	61	17:20〜37
(降誕節第9主日) (公現後第7主日)	19	日	㉑ 553 ② 56	〈奇跡を行うキリスト〉 イザヤ 41:8〜16 **ルカ 9:10〜17**		使徒 28:1〜6 詩編 46:1〜12
	20	月	サムエル上 16:1〜13	油を注がれたダビデ	62	ルカ 18:1〜14
	21	火	16:14〜23	ダビデ、サウルに仕える	63	18:15〜30
灰の水曜日	22	水	ヨエル 2:12〜17	主に立ち帰れ	102	マタイ 6:16〜21
	23	木	サムエル上 17:1〜25	ペリシテ人ゴリアト	64	ルカ 18:31〜43
	24	金	17:26〜50	ダビデ、ゴリアトを倒す	65	22:1〜23
	25	土	18:1〜16	ダビデを恐れるサウル	66	22:24〜38
(復活前第6主日) (受難節第1主日) (四旬節第1主日)	26	日	㉑ 284 ① 519	〈荒れ野の誘惑〉 申命記 6:10〜19 **ルカ 4:1〜13**		ローマ 10:8〜13 詩編 66:1〜20
	27	月	サムエル上 19:1〜18	ダビデの逃亡	67	ルカ 22:39〜53
	28	火	20:1〜24a	ダビデとヨナタンの約束	68	22:54〜71

③ ＝『ともにうたおう』　　ⓒ ＝『こどもさんびか　改訂版』

March

	日	曜日	週日聖書日課	内　　容	詩　編	週日副日課
	1	水	サムエル上 20:24b～42	ダビデとヨナタンの別離	69	ルカ　23:1～12
	2	木	24:1～23	サウルを見逃すダビデ	70	23:13～31
世界祈祷日	3	金	31:1～13	サウルと息子たちの死	71	23:32～43
	4	土	サムエル下 1:1～27	「ああ、勇士らは倒れた」	72	23:44～56a
(復活前第5主日) (受難節第2主日) (四旬節第2主日)	5	日	㉑ 128 ① 529	〈悪と戦うキリスト〉 創世記 6:11～22 **ルカ 11:14～26**		1 ヨハネ 4:1～6 詩編 140:1～8
	6	月	サムエル下 2:1～11	ダビデ、ユダの王となる	73	ガラテヤ 3:21～29
	7	火	5:1～10,17～25	イスラエルの王ダビデ	74	4:1～7
	8	水	6:1～19	神の箱、エルサレムへ	75	4:8～20
	9	木	7:1～13	ナタンの預言	76	4:21～5:1
	10	金	7:18～29	ダビデの祈りと願い	77	5:2～15
	11	土	9:1～13	ダビデとメフィボシェト	78:1～40	5:16～25
(復活前第4主日) (受難節第3主日) (四旬節第3主日)	12	日	㉑ 441 ① 270	〈受難の予告〉 イザヤ 63:7～14 **ルカ 9:18～27**		2 テモテ 2:8～13 詩編 107:1～16
	13	月	サムエル下 11:1～17	ウリヤとバト・シェバ	78:41～72	ガラテヤ 6:1～10
	14	火	11:18～27	ウリヤの死とダビデ	79	6:11～18

㉑ =『讃美歌21』　　① =『讃美歌』　　② =『讃美歌第二編』

15	水	サムエル下 12:1 ～ 15a	預言者ナタンとダビデ	80	コロサイ 1:1 ～ 23
16	木	12:15b ～ 25	子どもの死とダビデ	81	1:24 ～ 2:5
17	金	15:1 ～ 16	アブサロムの反逆	82	2:6 ～ 19
18	土	15:17 ～ 37	ダビデ、エルサレムを去る	83	2:20 ～ 3:17
(復活前第3主日) (受難節第4主日) (四旬節第4主日)	19 日	㉑ 285 ② 28	**〈主の変容〉** 出エジプト 34:29 ～ 35 *ルカ 9:28 ～ 36*		2コリント 3:4 ～ 18 詩編 29:1 ～ 11
20	月	サムエル下 16:1 ～ 14	逃亡途上のダビデ	84	コロサイ 3:18 ～ 4:6
21	火	17:1 ～ 14	アブサロムの決断	85	4:7 ～ 18
22	水	17:15 ～ 23	会戦の準備	86	ヤコブ 1:1 ～ 11
23	木	18:1 ～ 18	アブサロムの死とヨアブ	87	1:12 ～ 18
24	金	18:19 ～ 19:1	戦勝報告とダビデの嘆き	88	1:19 ～ 27
25	土	19:2 ～ 15	ヨアブ、ダビデを非難する	89:1 ～ 36	2:1 ～ 13
(復活前第2主日) (受難節第5主日) (四旬節第5主日)	26 日	㉑ 295 ① 140	**〈十字架の勝利〉** 哀歌 1:1 ～ 14 *ルカ 20:9 ～ 19*		ヘブライ 5:1 ～ 10 詩編 54:1 ～ 9
27	月	サムエル下 19:16 ～ 31	エルサレムへの帰還	89:37 ～ 53	ヤコブ 2:14 ～ 26
28	火	19:32 ～ 44	ヨルダン川を渡る	90	3:1 ～ 12
29	水	23:1 ～ 7	ダビデの最後の言葉	91	3:13 ～ 18
30	木	23:8 ～ 23	ダビデの勇士たち	92	4:1 ～ 12
31	金	24:1 ～ 14	ダビデの人口調査と災い	93	4:13 ～ 5:6

③ =『ともにうたおう』　　Ⓒ =『こどもさんびか　改訂版』

April

	日	曜日	週日聖書日課	内　　容	詩　編	週日副日課
	1	土	サムエル下 24:15〜25	疫病と神への献げ物	94	ヤコブ 5:7〜20
(復活前第1主日) (受難節第6主日) (四旬節第6主日) **棕梠の主日** (受難週 8日まで)	2	日	（入堂行列） ㉑ 313 ① 130	〈**十字架への道**〉 ゼカリヤ 9:9〜10 *イザヤ 56:1〜8* *ルカ (22:39〜23:31)23:32〜49*		ルカ 19:28〜40(41〜44) ヘブライ 10:1〜10 詩編 22:1〜22
	3	月	イザヤ　5:1〜7	ぶどう畑の歌	13	ヘブライ 2:5〜18
	4	火	エレミヤ 11:18〜20	エレミヤの訴え	88	8:1〜13
	5	水	イザヤ 63:1〜10	主の怒りと憤り	42	9:1〜22
洗足木曜日	6	木	出エジプト 13:3〜10	出エジプトの記念	64	9:23〜28
受　難　日	7	金	創世記 22:1〜18	アブラハムのイサク奉献	40	10:1〜18
	8	土	ヨブ 19:21〜27	わたしを憐れんでくれ	142	1ペトロ 4:1〜11
(復活節第1主日) **復　活　日** (イースター)	9	日	㉑ 321 ① 149	〈**キリストの復活**〉（前夜または早朝） 創世記 9:8〜13 *ルカ 24:1〜12*		ローマ 6:3〜11 詩編 30:1〜13
			㉑ 333 ① 156	〈**キリストの復活**〉（日中） エレミヤ 31:1〜6 *ヨハネ 20:1〜18*		1コリント 15:12〜20 詩編 30:1〜6
	10	月	出エジプト 15:1〜11	海の歌（1）	95	エフェソ 1:1〜14
	11	火	15:12〜21	海の歌（2）	96	1:15〜23
	12	水	イザヤ 25:1〜10a	神の驚くべき御業	97	2:1〜10

㉑ ＝『讃美歌 21』　　　① ＝『讃美歌』　　　② ＝『讃美歌第二編』

	13	木	エレミヤ 31:1 ～ 14	イスラエルの回復	98	エフェソ 2:11 ～ 22
	14	金	ヨブ 14:1 ～ 14	苦しみは絶えない	99	3:1 ～ 13
	15	土	ミカ 7:8 ～ 20	嗣業の民の回復	100	3:14 ～ 21
(復活節第2主日)	16	日	㉑ 334	**〈復活顕現 (1)〉** 列王下 7:1 ～ 16		黙示録 19:6 ～ 9
			① 39	**ルカ 24:13 ～ 35**		詩編 16:1 ～ 11
	17	月	列王上 1:5 ～ 31	アドニヤの野望	101	ヨハネ 1:1 ～ 18
	18	火	1:38 ～ 53	ソロモン王の即位	102	1:19 ～ 34
	19	水	2:1 ～ 12	ダビデの死と戒め	103	1:35 ～ 51
	20	木	3:3 ～ 15	神に知恵を願うソロモン	104	2:1 ～ 12
	21	金	5:15 ～ 26	神殿建築の準備	105:1～24	2:13 ～ 25
	22	土	6:1 ～ 14	神殿建築と主の言葉	105:25～45	3:1 ～ 15
(復活節第3主日)	23	日	㉑ 73	**〈復活顕現 (2)〉** イザヤ 51:1 ～ 6		1コリント 15:50～58
			① 190	**ルカ 24:36 ～ 43**		詩編 4:1 ～ 9
	24	月	列王上 8:1 ～ 21	契約の箱と王の祈り	106:1～23	ヨハネ 3:16 ～ 21
	25	火	11:1 ～ 13	ソロモンの背信	106:24～48	3:22 ～ 36
	26	水	11:26 ～ 40	ヤロブアムへの預言	107:1～22	4:1 ～ 26
	27	木	12:1 ～ 15	民の願いとレハブアム	107:23～43	4:27 ～ 42
	28	金	12:25 ～ 33	ヤロブアムと金の子牛	108	4:43 ～ 54
	29	土	13:1 ～ 10	ベテルの祭壇を呪う預言	109	5:1 ～ 18
(復活節第4主日) 労働聖日 (働く人の日)	30	日	㉑ 56	**〈命のパン〉** 出エジプト 16:4 ～ 16		1コリント 8:1 ～ 13
			① 188	**ヨハネ 6:34 ～ 40**		詩編 78:23 ～ 39

③ ＝『ともにうたおう』　　 ⓒ ＝『こどもさんびか　改訂版』

May

	日	曜日	週日聖書日課	内　容	詩　編	週日副日課
	1	月	列王上 20:1 ～ 21	アハブとベン・ハダド	110	ヨハネ 5:19 ～ 30
	2	火	20:22 ～ 43	預言者とアハブ	111	5:31 ～ 40
	3	水	21:1 ～ 16	ナボトのブドウ畑	112	5:41 ～ 47
	4	木	21:17 ～ 29	エリヤの預言とアハブ	113	6:1 ～ 15
	5	金	22:1 ～ 28	預言者ミカヤとアハブ	114	6:16 ～ 29
	6	土	22:29 ～ 40	アハブの死	115	6:30 ～ 40
（復活節第5主日）	7	日	㉑ 393　① 461	〈神の子の自由〉 申命記 7:6 ～ 11　**ヨハネ 15:12 ～ 17**		ガラテヤ 3:23 ～ 4:7 詩編 119:9 ～ 16
	8	月	列王下 2:1 ～ 15	天に上げられるエリヤ	116	ヨハネ 6:41 ～ 51
	9	火	3:4 ～ 24	3 人の王とモアブの戦い	117	6:52 ～ 59
	10	水	4:1 ～ 17	エリシャの奇跡	118	6:60 ～ 71
	11	木	5:1 ～ 19a	アラム人ナアマンの癒し	119:1 ～ 24	7:1 ～ 24
	12	金	5:19b ～ 27	エリシャの従者ゲハジ	119:25 ～ 40	7:25 ～ 39
	13	土	6:8 ～ 23	アラムの王とイスラエル	119:41 ～ 56	7:40 ～ 52
（復活節第6主日） 母 の 日	14	日	㉑ 401　① 273A	〈信仰に報いる主〉 ダニエル 6:10 ～ 23　**ルカ 7:1 ～ 10**		2 テサロニケ 3:1 ～ 5 詩編 34:1 ～ 11

㉑ ＝『讃美歌 21』　　　① ＝『讃美歌』　　　② ＝『讃美歌第二編』

	15	月	列王下 6:24 ～ 7:2	大飢饉とエリシャの預言	119:57～72	ヨハネ 7:53 ～ 8:11
	16	火	7:3 ～ 20	エリシャの預言の成就	119:73～88	8:12 ～ 20
	17	水	9:1 ～ 13	イエフへの油注ぎ	119:89～104	8:21 ～ 30
昇　天　日	18	木	エゼキエル 1:4～5,26～28	エゼキエルの召命	24	マルコ 16:14 ～ 20
	19	金	列王下 9:14 ～ 37	イエフの謀反	119:105～128	ヨハネ 8:31 ～ 47
	20	土	10:18 ～ 28	バアルの神殿を滅ぼす	119:129～152	8:48 ～ 59
(復活節第7主日) アジア・エキュメニカル 週　間 (27まで)	21	日	㉑ 564 ① 225	〈キリストの昇天〉 エゼキエル 43:1 ～ 7C **マタイ 28:16 ～ 20**		使徒 1:12 ～ 26 詩編 105:12 ～ 24
	22	月	列王下 17:1 ～ 14	イスラエルの背信と滅亡	119:153～176	ヨハネ 9:1 ～ 12
	23	火	18:1 ～ 12	ユダの王ヒゼキヤの治世	120	9:13 ～ 23
	24	水	18:13 ～ 25	アッシリア王の攻撃	121	9:24 ～ 41
	25	木	19:1 ～ 19	ヒゼキヤとイザヤ	122	10:1 ～ 6
	26	金	19:20 ～ 37	イザヤの預言	123	10:7 ～ 21
	27	土	20:1 ～ 20	ヒゼキヤの病と死	124	10:22 ～ 42
(聖霊降臨節) 第 1 主日 聖霊降臨日 (ペンテコステ)	28	日	㉑ 63 ① 499	〈聖霊の賜物〉 創世記 11:1 ～ 9 ルカ 11:1 ～ 13		**使徒 2:1 ～ 11** 詩編 146:1 ～ 10
	29	月	民数記 27:12 ～ 23	モーセの後継者ヨシュア	125	ルカ 1:26 ～ 38
	30	火	サムエル下 23:1 ～ 5	ダビデの最後の言葉	126	2:22 ～ 32
	31	水	エゼキエル 36:22 ～ 28	新しい心、新しい霊	127	3:15 ～ 22

① = 『ともにうたおう』　　ⓒ = 『こどもさんびか　改訂版』

June

	日	曜日	週日聖書日課	内　　容	詩編	週日副日課
	1	木	ゼカリヤ 4:1 ～ 10	第五の幻と主の言葉	128	ルカ 4:16 ～ 21
	2	金	イザヤ 44:1 ～ 8	イスラエルの王である主	129	11:5 ～ 13
	3	土	エゼキエル 37:1 ～ 14	枯れた骨の復活	130	12:8 ～ 12
(聖霊降臨節) (第 2 主日) 三位一体主日	4	日	㉑ 8 ① 500	〈教会の使信〉 出エジプト 19:3 ～ 8a, 16 ～ 20 ルカ 10:17 ～ 24		使徒 2:(14 ～ 21)22 ～ 36 詩編 8:1 ～ 10
	5	月	列王下 22:3 ～ 20	ヨシヤと神殿の律法の書	131	ヨハネ 11:1 ～ 16
	6	火	23:1 ～ 10	契約の言葉の実行	132	11:17 ～ 37
	7	水	23:21 ～ 30	ヨシヤの死	133	11:38 ～ 44
	8	木	24:8 ～ 17	ヨヤキンとバビロンの王	134	11:45 ～ 57
	9	金	24:18 ～ 25:12	エルサレムの陥落と捕囚	135	12:1 ～ 11
	10	土	25:22 ～ 30	捕囚後の出来事	136	12:12 ～ 19
(聖霊降臨節) (第 3 主日) 子どもの日(花の日)	11	日	㉑ 448 ① 245	〈教会の一致と交わり〉 サムエル下 7:4 ～ 16 ルカ 14:15 ～ 24		使徒 2:37 ～ 47 詩編 133:1 ～ 3
	12	月	エゼキエル 1:1 ～ 14	エゼキエルの召命	137	ヨハネ 12:20 ～ 36a
	13	火	1:15 ～ 2:2	四つの顔を持つ生き物	138	12:36b ～ 50
	14	水	2:3 ～ 3:11	主の言葉と派遣	139	13:1 ～ 11

㉑ = 『讃美歌 21』　　　① = 『讃美歌』　　　② = 『讃美歌第二編』

	15	木	エゼキエル 3:12 〜 27	預言者の務め	140	ヨハネ 13:12 〜 20
	16	金	5:5 〜 13	神に逆らうエルサレム	141	13:21 〜 30
	17	土	8:1 〜 13	エルサレムの堕落の数々	142	13:31 〜 38
（聖霊降臨節 第4主日）	18	日	21 533 1 514	〈キリストを信任する教会〉 申命記 8:11 〜 20 ルカ 8:40 〜 56		**使徒 4:5 〜 12** 詩編 52:1 〜 11
	19	月	エゼキエル 9:1 〜 11	エルサレムへの裁き	143	ヨハネ 14:1 〜 14
	20	火	10:1 〜 19	主の栄光が神殿を去る	144	14:15 〜 31
	21	水	11:14 〜 25	イスラエルの帰還の預言	145	15:1 〜 17
	22	木	14:12 〜 23	主の四つの厳しい裁き	146	15:18 〜 27
	23	金	18:1 〜 32	「立ち帰って、生きよ」	147	16:1 〜 15
日本基督教団創立記念日	24	土	24:15 〜 27	エゼキエルの妻の死	148	16:16 〜 33
（聖霊降臨節 第5主日）	25	日	21 200 1 213	〈個人に対する教会の働き〉 エゼキエル 34:1 〜 6 ルカ 15:1 〜 10		**使徒 8:26 〜 38** 詩編 23:1 〜 6
	26	月	エゼキエル 26:1 〜 14	ティルスへの預言（1）	149	ヨハネ 17:1 〜 11
	27	火	28:1 〜 10	ティルスへの預言（2）	150	17:12 〜 18
	28	水	32:17 〜 32	エジプトへの預言	1	17:19 〜 26
	29	木	33:1 〜 9	見張りの務め	2	18:1 〜 11
	30	金	33:10 〜 20	「立ち帰れ、立ち帰れ」	3	18:12 〜 18,25 〜 27

3 ＝『ともにうたおう』　　　C ＝『こどもさんびか　改訂版』

July

	日	曜日	週日聖書日課	内　容	詩編	週日副日課
	1	土	エゼキエル 33:21 ～ 33	エルサレムの陥落	4	ヨハネ 18:19 ～ 24
(聖霊降臨節 第 6 主日)	2	日	21 464 1 240	〈すべての人に対する教会の働き〉 ルツ 1:1 ～ 18(19 ～ 22) ルカ 17:11 ～ 19		**使徒 11:4 ～ 18** 詩編 22:25 ～ 32
	3	月	エゼキエル 34:1 ～ 10	イスラエルの牧者たちへ	5	ヨハネ 18:28 ～ 40
	4	火	34:11 ～ 16	主なる神が牧者となる（1）	6	19:1 ～ 16a
	5	水	34:17 ～ 31	主なる神が牧者となる（2）	7	19:16b ～ 24
	6	木	36:1 ～ 15	イスラエルの地への預言	8	19:25 ～ 30
	7	金	36:16 ～ 32	イスラエルの清め	9	19:31 ～ 37
	8	土	36:33 ～ 38	イスラエルの回復	10	19:38 ～ 42
(聖霊降臨節 第 7 主日)	9	日	21 196 1 483	〈生命の回復〉 エレミヤ 38:1 ～ 13 ルカ 7:11 ～ 17		**使徒 20:7 ～ 12** 詩編 35:1 ～ 10
	10	月	エゼキエル 37:15 ～ 28	一つとなる神の民	11	ヨハネ 20:1 ～ 10
	11	火	38:10 ～ 23	ゴグの計画と神の裁き	12	20:11 ～ 23
	12	水	39:22 ～ 29	捕囚からの帰還の預言	13	20:24 ～ 31
	13	木	43:1 ～ 9	主の栄光が神殿を満たす	14	21:1 ～ 14
	14	金	44:4 ～ 9	神殿に関する掟と律法	15	21:15 ～ 19

21 ＝『讃美歌 21』　　1 ＝『讃美歌』　　2 ＝『讃美歌第二編』

	15	土	エゼキエル 47:1～12	聖所から流れ出る水	16	ヨハネ 21:20～25
(聖霊降臨節) 第 8 主 日	16	日	21 442 2 167	〈キリストの心〉 サムエル上 24:8～18 ルカ 7:36～50		**ガラテヤ 6:1～10** 詩編 38:10～23
	17	月	ダニエル 1:1～21	バビロンでのダニエルら	17	マタイ 1:18～25
	18	火	2:1～12	ネブカドネツァル王の夢	18:1～31	2:1～23
	19	水	2:13～24	夢の秘密を求めて祈る	18:32～51	3:1～17
	20	木	2:25～46	夢を解釈するダニエル	19	4:1～11
	21	金	3:1～18	王の像を拝まぬユダヤ人	20	4:12～25
	22	土	3:19～30	燃え盛る炉の中の四人	21	5:1～12
(聖霊降臨節) 第 9 主 日	23	日	21 402 1 516	〈女性の働き〉 ヨシュア 2:1～14 ルカ 8:1～3		**フィリピ 4:1～3** 詩編 97:7～12
	24	月	ダニエル 3:31～4:15	王が見た大木の夢	22	マタイ 5:13～20
	25	火	4:16～34	ダニエルの夢解釈と成就	23	5:21～26
	26	水	5:1～12	壁に字を書く指の幻	24	5:27～37
	27	木	5:13～30	夢解釈と王への裁き	25	5:38～48
	28	金	6:1～6:15	ダニエルを陥れる計画	26	6:1～15
	29	土	6:16～29	獅子の洞窟の中で	27	6:16～34
(聖霊降臨節) 第 10 主 日	30	日	21 443 1 338	〈苦難の共同体〉 列王上 19:(1～8)9～21 ルカ 9:51～62		**1 ペトロ 3:13～22** 詩編 13:1～6
	31	月	ダニエル 8:1～14	雄羊と雄山羊の幻	28	マタイ 7:1～12

3 =『ともにうたおう』　　C =『こどもさんびか　改訂版』

August

	日	曜日	週日聖書日課	内　　容	詩　編	週日副日課
	1	火	ダニエル 8:15 〜 27	雄羊と雄山羊の幻の解釈	29	マタイ 7:13 〜 29
	2	水	9:1 〜 19	罪の告白の祈り	30	8:1 〜 13
	3	木	9:20 〜 27	ガブリエルとダニエル	31	8:14 〜 22
	4	金	10:1 〜 14	掲示された言葉	32	8:23 〜 34
	5	土	12:1 〜 13	終わりの時についての幻	33	9:1 〜 8
(聖霊降臨節) (第 11 主日) 平 和 聖 日	6	日	㉑ 421 ① 389	〈隣　人〉 出エジプト 22:20 〜 26 ルカ 10:25 〜 42		**ローマ 12:9 〜 21** 詩編 122:1 〜 9
	7	月	エズラ 1:1 〜 11	神殿再建の布告	34	マタイ 9:9 〜 17
	8	火	3:1 〜 13	献げ物と神殿の基礎	35	9:18 〜 26
	9	水	7:11 〜 28	エズラへの王の親書	36	9:27 〜 34
	10	木	8:15 〜 23	レビ人の勧誘と祈り	37:1 〜 22	9:35 〜 10:4
	11	金	ネヘミヤ 1:1 〜 11	ネヘミヤの嘆きと祈り	37:23 〜 40	10:5 〜 15
	12	土	2:1 〜 20	ネヘミヤの帰還	38	10:16 〜 25
(聖霊降臨節) (第 12 主日)	13	日	㉑ 494 ① 503	〈主の来臨に備える〉 エゼキエル 12:21 〜 28 ルカ 12:35 〜 48		**1 テサロニケ 1:1 〜 10** 詩編 121:1 〜 8
	14	月	ネヘミヤ 3:33 〜 4:8	城壁の再建と敵の妨害	39	マタイ 10:26 〜 33

㉑ ＝『讃美歌 21』　　　① ＝『讃美歌』　　　② ＝『讃美歌第二編』

	15	火	ネヘミヤ4:9 ～ 17	城壁再建の作業と警備	40	マタイ10:34 ～ 11:1
	16	水	6:1 ～ 15	敵の謀略と城壁の完成	41	11:2 ～ 15
	17	木	7:72b ～ 8:12	律法の朗読と聖なる日	42	11:16 ～ 19
	18	金	8:13 ～ 18	仮庵祭と民の大きな喜び	43	11:20 ～ 30
	19	土	13:15 ～ 22	安息日を守るための改革	44	12:1 ～ 8
(聖霊降臨節 第13主日)	20	日	21 418 1 527	〈信仰の証し〉 アモス 5:18 ～ 24 ルカ 13:(1 ～ 9)10 ～ 17		**ヤコブ 1:19 ～ 27** 詩編 119:73 ～ 80
	21	月	ヨナ　　1:1 ～ 16	神の召命とヨナの逃亡	45	使徒　　6:1 ～ 15
	22	火	2:1 ～ 11	魚の腹の中で祈るヨナ	46	7:1 ～ 16
	23	水	3:1 ～ 10	ニネベで預言するヨナ	47	7:17 ～ 29
	24	木	4:1 ～ 11	ヨナの怒りと神の憐れみ	48	7:30 ～ 53
	25	金	ハガイ 1:1 ～ 11	神殿再建のための御言葉	49	7:54 ～ 8:3
	26	土	1:12 ～ 2:9	新しい神殿の栄光と祝福	50	8:4 ～ 25
(聖霊降臨節 第14主日)	27	日	21 492 1 354	〈正しい服従〉 出エジプト 23:10 ～ 13 ルカ 14:1 ～ 6		**ローマ 14:1 ～ 9** 詩編 92:1 ～ 16
	28	月	ゼカリヤ1:7 ～ 17	第一の幻とゼカリヤ	51	使徒　8:26 ～ 40
	29	火	2:1 ～ 17	第二の幻とゼカリヤ	52	9:1 ～ 19a
	30	水	3:1 ～ 10	第四の幻とゼカリヤ	53	9:19b ～ 31
	31	木	4:1 ～ 14	第五の幻とゼカリヤ	54	9:32 ～ 43

3 = 『ともにうたおう』　　C = 『こどもさんびか　改訂版』

September

	日	曜日	週日聖書日課	内　　容	詩編	週日副日課
	1	金	ゼカリヤ 5:1 〜 11	第六、第七の幻とゼカリヤ	55	使徒　　10:1 〜 8
	2	土	6:1 〜 8	第八の幻とゼカリヤ	56	10:9 〜 33
(聖霊降臨節 第15主日)	3	日	21 291 ① 452	〈神からの誉れ〉 箴言 25:2 〜 7a ルカ 14:7 〜 14		2 コリント 11:7 〜 15 詩編 31:15 〜 25
	4	月	ゼカリヤ 6:9 〜 15	大祭司ヨシュアの戴冠	57	使徒 10:34 〜 48
	5	火	7:1 〜 7	断食に対する主の言葉	58	11:1 〜 18
	6	水	7:8 〜 14	律法と御言葉を聞かぬ民	59	11:19 〜 30
	7	木	8:1 〜 8	主が再びシオンに住む	60	12:1 〜 19
	8	金	8:9 〜 17	幸いをもたらす主の決意	61	12:20 〜 24
	9	土	8:18 〜 23	主の恵みを求める民	62	13:1 〜 12
(聖霊降臨節 第16主日)	10	日	21 299 ① 142	〈十字架を背負う〉 サムエル下 18:(24〜30)31 〜 19:1 ルカ 14:25 〜 35		ガラテヤ 6:14 〜 18 詩編 142:1 〜 8
	11	月	箴言　1:20 〜 33	人々に呼びかける知恵	63	使徒 13:13 〜 41
	12	火	3:11 〜 20	主の知恵は全てにまさる	64	13:42 〜 52
	13	水	4:1 〜 27	知恵と分別を獲得せよ	65	14:1 〜 28
	14	木	6:6 〜 19	怠け者への叱責	66	15:1 〜 21

21 =『讃美歌 21』　　① =『讃美歌』　　② =『讃美歌第二編』

	15	金	箴言	7:6 ～ 23	意志の弱い若者の陥る罠	67	使徒 15:22 ～ 35
	16	土		8:1 ～ 21	知恵を愛する者への報い	68	15:36 ～ 16:5
(聖霊降臨節 第17主日)	17	日	㉑ 513 ① 244	〈新しい人間〉			
				創世記 37:(2 ～ 11)12 ～ 28 ルカ 15:11 ～ 32			コロサイ 3:12 ～ 17 詩編 37:7 ～ 22
	18	月	箴言	8:22 ～ 36	天地創造に先立つ知恵	69	使徒 16:6 ～ 15
	19	火		9:1 ～ 10	知恵の初め	70	16:16 ～ 40
	20	水		10:1 ～ 13	ソロモンの格言集	71	17:1 ～ 15
	21	木		11:1 ～ 12	正しい人と裏切り者	72	17:16 ～ 34
	22	金		12:9 ～ 22	無知な者と知恵ある人	73	18:1 ～ 23
	23	土		13:7 ～ 25	思慮深い人と愚か者	74	18:24 ～ 19:10
(聖霊降臨節 第18主日)	24	日	㉑ 370 ① 391	〈世の富〉			
				アモス 8:4 ～ 7 ルカ 16:1 ～ 13			1 テモテ 6:1 ～ 12 詩編 49:1 ～ 21
	25	月	箴言	14:1 ～ 12	知恵ある女と無知な女	75	使徒 19:11 ～ 20
	26	火		14:27 ～ 35	主を畏れることは命の源	76	19:21 ～ 40
	27	水		15:1 ～ 15	知恵ある人の舌	77	20:1 ～ 16
	28	木		15:16 ～ 33	名誉に先立つのは謙遜	78:1 ～ 40	20:17 ～ 38
	29	金		16:16 ～ 32	金にまさる知恵	78:41 ～ 72	21:1 ～ 16
	30	土		18:9 ～ 24	主の御名は力の塔	79	21:17 ～ 26

③ =『ともにうたおう』　　こ =『こどもさんびか　改訂版』

October

	日	曜日	週日聖書日課	内　容	詩　編	週日副日課
(聖霊降臨節) (第 19 主日) 世界聖餐日 世界宣教の日	1	日	㉑ 487 ① 419	〈金持ちと貧者〉 アモス 6:1 〜 7 ルカ 16:19 〜 31		ヤコブ 2:1 〜 9 詩編 73:21 〜 28
	2	月	箴言　22:1 〜 12	金持ちと貧乏な人	80	マタイ 24:29 〜 35
	3	火	23:15 〜 25	わが子よ、父に聞き従え	81	24:36 〜 51
	4	水	24:19 〜 34	賢人の言葉	82	25:1 〜 13
	5	木	25:11 〜 28	時宜にかなう言葉	83	25:14 〜 30
	6	金	26:1 〜 12	愚か者が繰り返す愚かさ	84	25:31 〜 46
	7	土	27:6 〜 22	愛する人の与える傷	85	26:1 〜 13
(聖霊降臨節) (第 20 主日) 神 学 校 日 伝道献身者奨励日	8	日	㉑ 2 ② 188	〈弱者をいたわる〉 レビ 25:39 〜 46 ルカ 17:1 〜 10		フィレモン 1 〜 25 詩編 82:1 〜 8
	9	月	箴言 28:12 〜 28	神に従う人と逆らう者	86	マタイ 26:14 〜 30
	10	火	29:11 〜 27	人を裁くのは主である	87	26:31 〜 46
	11	水	30:1 〜 9	アグルの言葉（1）	88	26:47 〜 56
	12	木	30:15 〜 31	アグルの言葉（2）	89:1 〜 36	26:57 〜 75
	13	金	31:10 〜 31	有能な妻	89:37 〜 53	27:1 〜 10
	14	土	オバデヤ 1 〜 21	エドムについての預言	90	27:11 〜 26

㉑ ＝『讃美歌 21』　　① ＝『讃美歌』　　② ＝『讃美歌第二編』

				〈審きの日〉		
(聖霊降臨節 第21主日) 信徒伝道週間(21日まで) 教育週間(22日まで)	15	日	21 483 1 352	創世記 6:5 〜 8 ルカ 17:20 〜 37		フィリピ 1:1 〜 11 詩編 9:1 〜 13
	16	月	エステル 2:5 〜 10	モルデカイとエステル	91	マタイ 27:27 〜 31
	17	火	2:19 〜 3:6	ハマンの策略	92	27:32 〜 44
	18	水	3:7 〜 4:3	ユダヤ人迫害の勅書	93	27:45 〜 56
	19	木	4:4 〜 5:14	王妃エステルの決意	94	27:57 〜 66
	20	金	6:1 〜 7:10	ハマンの失脚と処刑	95	28:1 〜 10
	21	土	8:1 〜 17	ユダヤ人迫害の撤回	96	28:11 〜 20
				〈天国に市民権をもつ者〉		
(聖霊降臨節 第22主日)	22	日	21 383 2 4	士師記 7:1 〜 8, 19 〜 23 ルカ 19:11 〜 27		ヘブライ 11:32〜12:2 詩編 78:1 〜 8
	23	月	雅歌 1:9 〜 2:7	恋人よ、あなたは美しい	97	エフェソ 4:1 〜 16
	24	火	2:8 〜 17	恋しい人の声が聞こえる	98	4:17 〜 32
	25	水	3:1 〜 11	恋い慕う人を捜し求める	99	5:1 〜 14
	26	木	5:2 〜 6:3	眠っていても心目覚めて	100	5:15 〜 33
	27	金	7:10b 〜 8:4	わたしの愛をささげます	101	6:1 〜 9
	28	土	8:5 〜 7	りんごの木の下で	102	6:10 〜 24
				〈創　　造〉		
(降誕前第9主日)	29	日	21 281 1 54	創世記 1:1 〜 5, 24 〜 31 ヨハネ 1:1 〜 14		コロサイ 1:15〜20 詩編 104:19〜23
	30	月	ローマ 1:1 〜 17	ローマの人たちへ	103	創世記 1:1 〜 19
宗教改革記念日	31	火	1:18 〜 32	神の性質と人類の罪	104	1:20 〜 2:4a

3 ＝『ともにうたおう』　　　C ＝『こどもさんびか　改訂版』

November

	日	曜日	週日聖書日課	内　容	詩　編	週日副日課
	1	水	ローマ 2:1〜16	神の怒りと正しい裁き	105:1〜24	創世記 2:4b〜25
	2	木	2:17〜29	ユダヤ人と律法と割礼	105:25〜45	3:1〜15
	3	金	3:1〜20	正しい人は一人もいない	106:1〜23	3:16〜24
	4	土	3:21〜31	信仰による義	106:24〜48	4:1〜16
（降誕前第8主日）聖 徒 の 日（永眠者記念日）	5	日	㉑ 294　② 161	〈堕　落〉創世記 3:1〜15　ヨハネ 3:13〜21		ローマ 7:7〜13　詩編 51:1〜11
	6	月	ローマ 4:1〜12	アブラハムの模範	107:1〜22	創世記 6:5〜22
	7	火	4:13〜25	実現される約束	107:23〜43	7:6〜24
	8	水	5:1〜11	神との和解	108	8:1〜12
	9	木	5:12〜21	アダムとキリスト	109	8:13〜22
	10	金	6:1〜14	キリストに生きる	110	9:1〜17
	11	土	6:15〜23	罪の奴隷と義の奴隷	111	11:1〜9
（降誕前第7主日）障害者週間（18日まで）	12	日	㉑ 184　① 275	〈神の民の選び（アブラハム）〉創世記 12:1〜9　ヨハネ 8:51〜59		ローマ 4:13〜25　詩編 105:7〜15
	13	月	ローマ 7:1〜12	霊に従う新しい生き方	112	創世記 12:1〜20
	14	火	7:13〜25	心の法則と罪の法則	113	13:1〜18

㉑ ＝『讃美歌 21』　　① ＝『讃美歌』　　② ＝『讃美歌第二編』

	15	水	ローマ 8:1 ～ 11	肉の支配と霊の支配	114	創世記 15:1 ～ 6
	16	木	8:12 ～ 17	神の霊に導かれる者	115	17:1 ～ 14
	17	金	8:18 ～ 30	苦しみと将来の栄光	116	18:1 ～ 15
	18	土	8:31 ～ 39	キリストの愛、神の愛	117	18:16 ～ 33

(降誕前第6主日)	19	日	㉑ 16 ① 285	〈救いの約束（モーセ）〉 **出エジプト 2:1 ～ 10** ヨハネ 6:27 ～ 35		ヘブライ 3:1 ～ 6 詩編 105:37 ～ 45

	20	月	ローマ 9:1 ～ 13	イスラエルの選び	118	創世記 21:1 ～ 21
	21	火	9:14 ～ 29	神の怒りと憐れみ	119:1 ～ 24	22:1 ～ 19
	22	水	9:30 ～ 10:4	イスラエルと福音	119:25 ～ 40	24:1 ～ 27
	23	木	10:5 ～ 13	主の名を呼び求める者は	119:41 ～ 56	24:28 ～ 51
	24	金	10:14 ～ 21	キリストの言葉を聞く	119:57 ～ 72	24:52 ～ 67
	25	土	11:1 ～ 12	イスラエルの残りの者	119:73 ～ 88	25:19 ～ 34

(降誕前第5主日) 収穫感謝日 謝　恩　日	26	日	㉑ 18 ① 214	〈王の職務〉 **エレミヤ 23:1 ～ 6** ヨハネ 18:33 ～ 40		黙示録 1:4 ～ 8 詩編 17:1 ～ 12

	27	月	ローマ 11:13 ～ 24	異邦人の救いとユダヤ人	119:89 ～ 104	創世記 27:1 ～ 29
	28	火	11:25 ～ 36	全ての人を憐れむ神の愛	119:105 ～ 128	27:30 ～ 45
	29	水	12:1 ～ 8	新しい生活	119:129 ～ 152	28:10 ～ 22
	30	木	12:9 ～ 21	生活の新しい規範	119:153 ～ 176	29:1 ～ 30

③ =『ともにうたおう』　　Ⓒ =『こどもさんびか　改訂版』

December

	日	曜	週日聖書日課	内　　容	詩編	週日副日課
	1	金	ローマ 13:1 ～ 7	支配者への従順	120	創世記 32:1 ～ 22
	2	土	13:8 ～ 14	隣人愛と終末への備え	121	32:23 ～ 33:11
(降誕前第4主日) (待降節第1主日) 待降節・降臨節 ・アドベント 社会事業奨励日	3	日	㉑ 173 ① 94	〈主の来臨の希望〉 **イザヤ 52:1 ～ 10** ヨハネ 7:25 ～ 31		ローマ 11:13 ～ 24 詩編 47:1 ～ 10
	4	月	ルカ 17:20 ～ 37	神の国はいつ来るのか	122	イザヤ　1:1 ～ 9
	5	火	19:11 ～ 27	「ムナ」のたとえ	123	1:10 ～ 20
	6	水	19:28 ～ 40	エルサレムに上るイエス	124	1:21 ～ 31
	7	木	19:41 ～ 48	神殿から商人を追い出す	125	2:1 ～ 11
	8	金	20:9 ～ 18	ぶどう園と農夫のたとえ	126	2:12 ～ 22
	9	土	20:19 ～ 26	皇帝のものと神のもの	127	3:1 ～ 8
(降誕前第3主日) (待降節第2主日)	10	日	㉑ 229 ① 97	〈旧約における神の言〉 **列王上 22:(1 ～ 5)6 ～ 17** ヨハネ 5:36 ～ 47		2 ペトロ 1:19 ～ 2:3 詩編 147:12 ～ 20
	11	月	ルカ 20:27 ～ 40	復活についての問答	128	イザヤ 3:13 ～ 4:1
	12	火	20:41 ～ 21:4	人々に教えるイエス	129	4:2 ～ 6
	13	水	21:5 ～ 9	神殿の崩壊を予告する	130	5:1 ～ 7
	14	木	21:10 ～ 19	終末の徴	131	5:8 ～ 24
	15	金	21:20 ～ 28	エルサレム滅亡と人の子	132	5:25 ～ 30

㉑ =『讃美歌 21』　　① =『讃美歌』　　② =『讃美歌第二編』

	16	土	ルカ 21:29～36	いつも目を覚まして祈る	133	イザヤ 6:1～13
（降誕前第2主日）（待降節第3主日）	17	日	㉑ 237 ① 96	〈先駆者〉 マラキ 3:19～24 ヨハネ 1:19～28		1 コリント 4:1～5 詩編 19:8～15
	18	月	ルカ 1:26～38	イエス誕生の予告	134	イザヤ 7:10～17
	19	火	1:39～45	マリアのエリサベト訪問	135	28:14～22
	20	水	1:46～56	マリアの賛歌	136	29:13～24
	21	木	1:57～66	洗礼者ヨハネの誕生	137	30:15～21
	22	金	1:67～80	ザカリアの預言	138	32:1～8
	23	土	マタイ 3:1～12	荒れ野で叫ぶ者の声	139	35:1～10
（降誕前第1主日）（待降節第4主日）	24	日	㉑ 193 ① 98	〈告　知〉 ゼカリヤ 2:14～17 ルカ 1:57～66		ヘブライ 10:1～10 詩編 89:20～30
降誕日（クリスマス）	25	月	㉑ 247 ① 100	〈キリストの降誕〉（前夜） イザヤ 7:10～14 ルカ 2:1～20		ヘブライ 1:1～6 詩編 113:1～9
			㉑ 55 ① 111	〈キリストの降誕〉（日中） イザヤ 62:6～7, 10～12 ヨハネ 1:1～14		テトス 3:4～7 詩編 9:1～13
	26	火	ルカ 2:21～24	イエスの割礼と神殿奉献	46	イザヤ 40:1～11
	27	水	2:25～35	シメオンによる祝福	21	40:12～24
	28	木	2:36～40	女預言者アンナの喜び	124	40:25～31
	29	金	マタイ 2:1～12	東方の学者たちの礼拝	141	41:1～13
	30	土	2:13～23	エジプトへの避難と帰国	143	41:14～20
（降誕節第1主日）	31	日	㉑ 279 ① 118	〈東方の学者たち〉 イザヤ 11:1～10 マタイ 2:1～12		ガラテヤ 3:26～4:7 詩編 145:10～21

㉑ ＝『ともにうたおう』　　① ＝『こどもさんびか　改訂版』

〈日毎の糧〉聖書日課の用い方

　「教会暦」と「聖書日課」は、教会の長い歴史の中で形作られてきた貴重な遺産です。これによって、聖書の重要な出来事が周期的に記念され、時間的、地域的、教派的に隔たっている教会が、信仰においてひとつに結ばれます。

教会暦について

　キリスト教の信仰は歴史の中で働く神の御業に基づくものであり、その中心にキリストの救いの出来事があります。しかし、それらは創造から終末に向かう直線的な時の流れの中にあり、放っておけば帰らぬ過去に押しやられ、忘却されてしまいます。そこで、神の御業が我々の信仰にとって有意義なものとなるためには、周期的に記念される必要があります。このことを暦の文化を用いて行っているのが、教会暦なのです。

　私たちの教会暦は、3つの大きな救済の出来事を中心として構成されています。すなわち、降誕日（クリスマス）、復活日（イースター）、聖霊降臨日（ペンテコステ）です。

　まず、降誕日を中心にして、その準備期間としての降誕前節（9主日／待降節を含む）と、降誕日から始まる降誕節があります*。次に、復活日を中心にして、その準備期間としての復活前節（6主日／四旬節、受難節）と、復活日から始まる復活節（7主日）があります。そして、さらに聖霊降臨日から次の降誕前節に至る20数主日を含む聖霊降臨節へと続きます。

　降誕前節から復活節までは「主の半年」として、イエス・キリストの生涯とその働きを想起することが中心的なテーマとなる期間です。

　聖霊降臨節は「教会の半年」と言われ、教会が聖霊の導きのもとに宣教に励むことを覚える期間となります。日本基督教団ではここに多くの行事が位置づけられています。

* 一般的な狭義のクリスマス・シーズンは降誕日（12月25日）から公現日（1月6日）にいたる期間です。2019年から、公現日後の主日の呼称として「公現後」を並記しました。

聖書日課について

　教会暦は自然や季節に根ざす暦ではなく、教会で行われる礼拝と密接に結びついています。教会暦はそれぞれの主日の礼拝にふさわしい聖書箇所を選択し、それらを「聖書日課」として適切に配分することによって具体化されていきます。

(1) 主日聖書日課について

　聖書箇所は、教会暦に従って旧約、使徒書、福音書から選択されています。これら 3 つの聖書箇所が、いわば立体的にその日のメッセージを指し示しています。降誕前節では旧約が、降誕から復活節までは福音書が、聖霊降臨節では使徒書が選択の軸となっています（本書ではゴシック体で表記）。説教テキストの選定に際して目安にするとよいでしょう。他の 2 つの箇所は説教で詳しく言及しなくても自ずと響き合うことが期待されます。また、各主日に相応しい詩編の箇所も選択されています。礼拝における「交読詩編」などの参考になると思います。

　主日日課の詩編の朗読配分は新共同訳聖書に基づいて表題も含む節番号で表記されています。ユダヤ教の礼拝では必ず表題も朗読するそうですが、表題を含んで朗読するかどうかは各教会で自由に判断してください。

　各年の主日日課表は年によって変動する部分があります。降誕前節、復活前節、復活節は毎年主日の数が定まっていますが、イースターが移動するため、降誕節と聖霊降臨節はその年によって主日の数が変わり、聖書日課配分にも若干の影響が生じます。ただし降誕節の最後の 3 主日は必ず降誕節第 9、10、11 主日の日課を用い、聖霊降臨節の最終主日は必ず第 24 主日のものを用いることになっております。4 年サイクル主日聖書日課の全体については日本キリスト教団出版局聖書日課編集委員会編『日毎の糧ガイド』巻末の聖書日課資料をご覧ください。

　季刊『礼拝と音楽』には、この主日日課による「主日礼拝に備えて ── 説教者・奏楽者とともに」が掲載されていますので、主日の説教準備や賛美歌選びや奏楽曲の参考として活用していただけると思います。また当出版局から、聖書日課編集委員会編『「新しい教会暦」による説教への手引き』（2008 年）が出版されております。4 年サイクルの全主日の黙想が出ておりますので参考にしてください。

(2) 週日聖書日課について

　週日聖書日課は主日聖書日課とは別系統のものです。よりいっそう継続朗読の性格が強くなります。2004 年秋から本書が採用した 6 年サイクルの週日聖書日課は、完全な継続朗読は脱したとはいえ、聖書の重要な物語や出来事は網羅されています。また、日々の詩編が配されることで、ただ聖書を読むための手引きに止まらず、礼拝的用途としても活用できるものになりました。そして週日副日課も掲載されておりますので、あわせて用いれば、よりいっそう聖書の世界全体に親しむことができると思います。

　月刊『信徒の友』では、毎月異なる執筆者による主日及び週日聖書日課の解説が掲載されておりますので、ご購読をお勧めいたします。

典礼色について

　教会暦との関連で典礼色を用いる教会も少なくありません。参考のため、以下のような用例を提案いたします。

降誕前節　第9～5主日	緑
降誕前節　第4～1主日（待降節）	紫
降誕日（前夜・日中）	白
降誕節	白
公現日	白
復活前節（四旬節・受難節）	紫
棕梠の主日	紫または赤
洗足木曜日	白
受難日	赤
復活節	白
復活日（前夜または早朝・日中）	白
聖霊降臨節	緑
聖霊降臨日	赤
三位一体主日	白

※『日毎の糧──主日聖書日課・家庭礼拝暦』電子版も刊行されております。
　詳しくは出版局のホームページをご覧ください。
　本書は新共同訳聖書に準拠しています。

日毎の糧 2023── 主日聖書日課・家庭礼拝暦
2022 年 9 月 28 日 発行　　　Ⓒ日本キリスト教団出版局

編集者　　聖書日課編集委員会
発行者　　日本キリスト教団出版局
169-0051　東京都新宿区西早稲田 2 丁目 3 の 18
電話　03（3204）0421
https://bp-uccj.jp
印刷製本　文唱堂印刷

表紙デザイン── 小林　秀二

ISBN978-4-8184-1120-3 C0016　日キ販